Illisibilité partielle

VALABLE POUR TOUT OU PARTIE DU DOCUMENT REPRODUIT

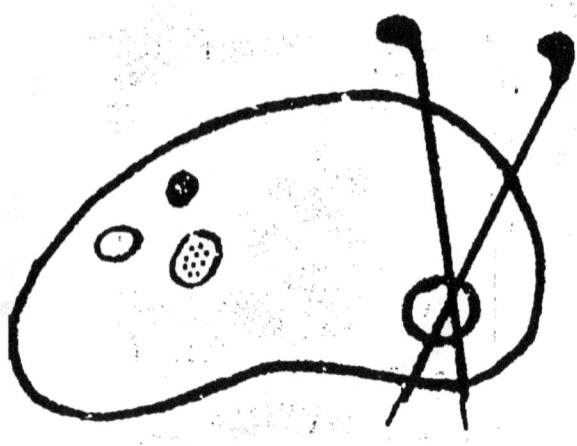

Couvertures supérieure et inférieure
en couleur

MÉMOIRE

sur la

MORT DE LOUIS XIV

EXTRAIT DU TOME XVI DU JOURNAL DE DANGEAU,
PUBLIÉ PAR MM. EUD. SOULIÉ ET L. DUSSIEUX.

TYPOGRAPHIE DE H. FIRMIN DIDOT. — MESNIL (EURE).

MÉMOIRE

SUR LA

MORT DE LOUIS XIV

PAR

LE MARQUIS DE DANGEAU

PARIS

FIRMIN DIDOT FRÈRES, FILS ET Cie, LIBRAIRES
IMPRIMEURS DE L'INSTITUT DE FRANCE
RUE JACOB, 56

1858

AVERTISSEMENT
DES ÉDITEURS.

La mort de Louis XIV n'a été racontée jusqu'à présent par les historiens que d'après des documents inexacts. Voltaire et Saint-Simon, qu'ils ont été obligés de suivre aveuglément, n'avaient pas été témoins des faits qu'ils rapportent, et durent recourir à la mémoire et aux écrits de leurs contemporains. Le journal de Dangeau, que tous deux ont si vivement dénigré après en avoir extrait tout ce qui pouvait entrer dans leurs ouvrages, offrait pour les trois derniers jours de la vie du roi une lacune qu'ils ne savaient comment combler. Saint-Simon l'avoue en ces termes dans sa longue addition du 13 août 1715 (tome XVI, page 12 de notre édition):

« Les Mémoires (de Dangeau) particularisent si bien les derniers jours du roi, qu'il seroit inutile d'y rien ajouter en ce genre, que des omissions de courtisan; on tâchera aussi de suppléer une lacune des trois derniers jours de la vie du roi *qui mérite infiniment d'être regrettée*, que le même esprit de politique a sans doute fait laisser, dont on ne se propose que d'expliquer des choses principales. » Et Saint-Simon ajoute, page 88 de la même addition : « Achevons ses derniers jours que Dangeau a supprimés. »

Saint-Simon s'est bien gardé de reproduire dans ses Mémoires les regrets qu'il avait consignés dans ses additions, car il lui aurait fallu révéler le secret de la rédaction définitive de ses Mémoires, où il a fait entrer tant de pages du journal de Dangeau habilement fondues avec ses additions, et nous apprendre à quelle source il avait puisé ses renseignements pour raconter les derniers jours de la vie du roi.

Quant à Voltaire, c'est encore pour nous une question de savoir si parmi les documents qu'il a consultés pour composer le *Siècle de Louis XIV* il se trouvait un manuscrit complet du journal de Dangeau ou seulement de nombreux extraits de ce journal mêlés à des anecdotes puisées à diverses sources. En effet toutes les fois que Voltaire, dans ses ouvrages, renvoie aux Mémoires de Dangeau (on sait dans quels termes de mépris), ou bien ses citations sont inexactes, ou bien même les passages qu'il donne manquent totalement dans les manuscrits de notre scrupuleux chroniqueur. C'est ainsi que le *Journal de la cour de Louis XIV*, publié en 1770 par Voltaire, et que ses éditeurs ont prétendu être un extrait du journal de Dangeau, se compose en effet de paragraphes qu'on retrouve çà et là dans le journal, mais profondément altérés et accompagnés de vers de mademoiselle de Scudéri, d'une fausse lettre du roi de Suède, reconnue pour être de Grimarest, et d'anecdotes que Voltaire attribue lui-même à un personnage employé à la Maison royale de Saint-Cyr. Postérieurement à l'année 1714, il n'y a plus dans cette compilation de Voltaire une seule phrase qu'on puisse retrouver dans le journal de Dangeau, et les extraits relatifs à la mort de Louis XIV sont pris dans un document dont il a dû circuler de nombreuses copies (1), car Saint-Simon y a eu également recours. Il y a en effet, sauf la forme, identité entre les renseignements donnés par ces deux auteurs.

Saint-Simon vit Louis XIV pour la dernière fois le 24 août, en assistant au souper du roi avec les courtisans. « J'y observai, dit-il, qu'il ne pouvoit avaler que du liquide et qu'il avoit peine à être regardé. » Le lendemain, la maladie prit un tel caractère de gravité que le roi reçut le viatique à huit heures du soir. A ce moment, Saint-Simon, c'est lui-même qui le raconte, traversait par hasard la galerie de Versailles et fut instruit de ce qui se passait par Pernault, huissier de l'antichambre. Dangeau, lui, était dans la chambre du roi, dont tout le monde sortit à onze heures du soir et où il demeura des derniers « pour voir, dit-il, la fin d'un si grand et si triste spectacle. » C'est alors, à minuit, que rentré dans l'appartement qu'il occupait au château de Versailles, tout ému des scènes dont il venait d'être le témoin, il voulut d'abord continuer son Journal dans la forme rapide qu'il avait adoptée, puis que trouvant sans doute ce cadre trop étroit, il commença un Mémoire circonstancié de ce qui se passait dans la chambre du roi pendant sa maladie. Le lendemain et les jours suivants, Dangeau continue son Mémoire, après le dîner, le soir, dans la nuit, et nous fait assister pour ainsi dire heure par heure à ce spectacle émouvant. Sa mémoire, que tous ses contemporains s'accordent à reconnaître comme prodigieuse et l'habitude d'écrire son Journal, lui permettent de nous donner aussi fidèlement que possible les remarquables discours

(1) Une de ces copies est conservée dans les archives du château de Dampierre; nous ne la publions pas parce qu'elle n'offre que peu de différences avec le texte donné par Voltaire.

de Louis XIV au Dauphin et aux courtisans. Pour prouver la vérité de ce témoignage que nous nommerions volontiers une déposition faite devant le tribunal de l'histoire, reproduisons la lettre écrite par Madame, duchesse douairière d'Orléans, à sa sœur, la comtesse Louise de Bavière :

« Versailles, 27 août 1715.

« Ma chère Louise, je suis tellement troublée que je ne sais plus ce que je fais ou ce que je dis; il faut cependant que je réponde à votre bonne lettre le mieux qu'il me sera possible. Je dois d'abord vous dire que nous avons eu hier le spectacle le plus triste et le plus touchant qu'on puisse imaginer (1). Le roi, après s'être préparé à la mort, après avoir reçu les derniers sacrements, s'est fait apporter le Dauphin, lui a donné sa bénédiction et lui a parlé; il m'a fait venir ensuite, ainsi que la duchesse de Berry et toutes ses autres filles et petits-enfants; il m'a dit adieu avec des paroles si tendres que je m'étonne de n'être pas tombée à la renverse sans connoissance. Il m'a assurée qu'il m'avoit toujours aimée et plus que je ne le croyois moi-même, qu'il regrettoit de m'avoir quelquefois causé du chagrin. Il m'a demandé de me souvenir quelquefois de lui, ajoutant qu'il pensoit que je le ferois volontiers, car il étoit persuadé que je l'avois toujours aimé. Il a dit de plus qu'il me donnoit sa bénédiction et qu'il faisoit des vœux pour le bonheur de toute ma vie. Je me suis jetée à ses genoux, et, prenant sa main, je l'ai baisée. Il m'a embrassée et il a ensuite parlé aux autres.

---

(1) C'est par des expressions identiques que Dangeau commence son Mémoire.

Il leur a dit qu'il leur recommandoit l'union (1). J'ai cru qu'il disoit cela pour moi; et je répondis que pour cet objet comme pour tous les autres j'obéirois à Sa Majesté tant que je vivrois; il s'est mis à rire, et il a dit : « Ce n'est pas pour vous que je parle ainsi; je sais que vous n'avez pas besoin de pareilles recommandations, mais je le dis aux autres princesses. » Vous pouvez croire dans quel état tout cela m'a mise. Le roi a une fermeté au delà de toute expression; il donne ses ordres comme s'il n'étoit question que d'un voyage (2). Il a dit adieu à tous ses gens; il les a recommandés à mon fils et l'a fait régent, avec une telle tendresse qu'elle pénètre l'âme de part en part... Il n'est pas vrai que madame de Maintenon soit morte; elle est en parfaite santé et dans la chambre du roi qu'elle ne quitte ni jour ni nuit. »

Dans une autre lettre, Madame écrit à la même, le 13 septembre : « Je ne suis pas étonnée, ma chère Louise, que la mort du roi vous ait été au cœur; ce que je vous ai écrit n'est rien auprès de ce que nous avons vu et entendu. » Le témoignage qui termine cette lettre est précieux à recueillir dans la bouche de l'ennemie mortelle de madame de Maintenon. « Il est vrai que tout le monde croyoit le roi mort lorsque madame de Maintenon s'est retirée; il avoit perdu connoissance pendant un long moment, mais il est

---

(1) Ce sont les mêmes recommandations que Louis XIV fait aux courtisans dans le discours reproduit par Dangeau; il leur demande aussi comme à Madame de se souvenir quelquefois de lui.

(2) Lorsque Louis XIV ordonne à Pontchartrain de faire porter son cœur à la maison professe des Jésuites, Dangeau ajoute : « Il lui donna cet ordre avec la même tranquillité qu'il ordonnoit, en santé, une fontaine pour Versailles ou pour Marly. »

ensuite revenu à lui. Je ne veux plus parler de choses aussi tristes et qui m'affectent cruellement ; le roi a montré la plus grande fermeté jusqu'au dernier moment ; il a dit en riant à madame de Maintenon : « J'avois entendu dire qu'il étoit difficile de mourir ; je vous assure que c'est chose très-aisée. » Il est resté vingt-quatre heures sans parler à personne, et durant ce temps il n'a fait que prier et répéter : « Mon Dieu, ayez pitié de moi ; Seigneur, je suis prêt à paroître devant vous ; à quoi tient-il, mon Dieu, que vous ne me preniez ? » Il a ensuite répété avec beaucoup de piété l'Oraison dominicale et le Symbole, et il a expiré en recommandant son âme à Dieu. » (*Correspondance complète de Madame, duchesse d'Orléans,* traduite et publiée par M. G. Brunet ; 1855, tome Ier.)

Si Dangeau avait joint à son Journal son Mémoire sur la maladie et la mort de Louis XIV, Saint-Simon et Voltaire auraient sans nul doute été frappés de l'accent de vérité qui y règne, et en le reproduisant dans leurs ouvrages, lui auraient donné force de loi. Saint-Simon, mieux instruit, n'aurait pu alors reprocher à Dangeau sa courtisanerie et son silence politique ; mais Dangeau, on ne sait pourquoi, laissa pendant trois jours continuer son Journal par une main étrangère qui s'est arrêtée au 28 août. Il se contenta, comme nous le disons page 13, de communiquer son Mémoire au rédacteur du *Mercure galant,* qui l'arrangea et le mutila. En 1716, le baron de Hohendorf, adjudant général du prince Eugène de Savoie, ayant été envoyé à la cour de France par l'empereur Charles VI avec le titre de ministre plénipotentiaire, ce personnage, grand amateur de livres et de manuscrits historiques, se procura une copie du Mémoire de Dangeau, à laquelle il joignit d'autres pièces manuscrites relatives aux obsèques de Louis XIV (*Discours du cardinal de Rohan, lettres de Pontchartrain, tentures et décorations des églises de Saint-Denis et de Paris,* etc). Après la mort du baron de Hohendorf (9 mai 1719), sa bibliothèque tout entière fut acquise en 1720 au prix de 60,000 florins, pour la bibliothèque impériale de Vienne; elle se composait de 6731 livres imprimés et de 252 manuscrits (1). Le manuscrit original du Mémoire de Dangeau a disparu, et nous n'en connaissions l'existence que par un article de la *Bibliothèque historique* du P. Lelong. C'est d'après cette indication que M. le comte de Monti de Rezé a retrouvé la copie qui avait passé de la bibliothèque du comte de Hohendorf dans celle de Vienne, et obtenu, grâce à la haute intervention de S. A. I. Mgr l'archiduc Maximilien d'Este, la permission de nous communiquer ce précieux document. Nous ne serons certainement pas les seuls à remercier le prince éclairé qui nous a aidés à tirer de l'oubli cette pièce historique.

Le Mémoire de Dangeau répond à tous les reproches et à toutes les plaisanteries dont ce nom a été si souvent l'objet. Son langage lorsqu'il parle du dépérissement de la santé de Louis XIV, des vaines espérances que faisaient naître les retours passagers des forces du roi, ses expressions lorsqu'il raconte les derniers moments de celui dont le corps n'était plus qu'une « machine », ne sont point d'un courtisan bas et aveugle. Son style dont on s'est tant moqué s'élève parfois à une hauteur égale à celle des meilleurs écrivains de ce grand siècle.

---

(1) Voyez MOSEL, *Histoire de la bibliothèque de la cour impériale et royale à Vienne.* Vienne, 1855, page 103, et ZEDLER, *Universal Lexicon,* vol. XIII, p. 515. — Nous devons ces renseignements au docteur Fr. Miklosich, de la bibliothèque impériale de Vienne.

En rédigeant son Journal, Dangeau n'avait aucune prétention littéraire; il ne voulait que consigner régulièrement les faits qui arrivaient à sa connaissance; dans ce Mémoire, l'émotion, la douleur de voir expirer le prince qui l'avait comblé de ses bienfaits et honoré de sa confiance lui a donné la véritable éloquence, celle du cœur. Nous espérons que la publication de ce document achèvera de rendre enfin au nom de Dangeau la considération qui lui avait mérité les éloges de Boileau et de Fontenelle, et que les railleries systématiques de Voltaire et de Saint-Simon avaient si injustement altérée.

E. S. — L. D.

MÉMOIRE

DU MARQUIS DE DANGEAU

SUR

CE QUI S'EST PASSÉ DANS LA CHAMBRE DU ROI

PENDANT SA MALADIE (1).

Dimanche 25 août 1715, à minuit, dans mon appartement du château de Versailles.

Je sors du plus grand, du plus touchant et du plus héroïque spectacle que les hommes puissent jamais voir.

---

(1) Le manuscrit de ce Mémoire est indiqué dans la « *Bibliotheca Hohendorfiana*, ou Catalogue de la bibliothèque de feu M. Georges-Guillaume, baron de Hohendorf, dans son vivant colonel des cuirassiers au service de S. M. Impériale et Catholique, gouverneur de la ville et de la châtellenie de Courtrai, et commandant des gardes à cheval de S. A. S. le prince Eugène de Savoie, etc. » (La Haye, 1720, 3ᵉ partie, page 268). La *Bibliothèque historique de la France*, par le P. Lelong (tome II, page 609, de l'édition de 1769), dit que ce Mémoire « est aujourd'hui dans la Bibliothèque impériale ; » et c'est en effet à la Bibliothèque impériale de Vienne que se trouve encore sous le n° 6861 ce manuscrit. Nous en devons la copie que nous reproduisons à M. le comte de Monti de Rezé.

Pour qui voudra comparer ce récit éloquent et plein de cœur, dans lequel la vérité éclate à chaque mot, aux pages romanesques de Saint-Simon, composées vingt-cinq ans après la mort de Louis XIV, le document que nous publions aura une véritable valeur historique et littéraire. Saint-Simon s'est servi du Journal de Dangeau et lui a emprunté des passages entiers ; mais il n'a pas connu ce Mémoire, dont le manuscrit se trouvait déjà hors de France à l'époque où il rédigea ses additions, puis ses Mémoires.

Lefebvre de Fontenay, l'un des continuateurs du *Mercure galant*, a donné en supplément au *Mercure* d'octobre 1715 un *Journal historique de tout ce qui s'est passé depuis les premiers jours de la maladie de Louis XIV jusqu'au jour de son service à Saint-Denis*. Toute la partie relative à la maladie de Louis XIV a été prise par Lefebvre dans le Mémoire de Dangeau, qui lui avait été communiqué probablement par l'auteur. Nous avons déjà eu occasion de signaler les relations de Dangeau avec les auteurs de la *Gazette*

Il y a plus de deux mois que la santé du roi commençoit à s'affoiblir et qu'on s'en aperçevoit; mais comme il agissoit à son ordinaire, qu'il se promenoit, alloit à la chasse et faisoit des revues de ses troupes, je n'en mets le commencement qu'au mercredi 14 d'août, parce que la veille il donna audience de congé à l'ambassadeur de Perse et se tint debout pendant toute l'audience; et quoique dès le soir il avançât d'une heure celle de son souper, qui n'étoit jamais qu'à dix heures, il ne paroissoit pas assez malade pour qu'on dût craindre pour sa vie.

Dès le samedi 10, qu'il revint de Marly, il étoit si abattu et si foible, qu'il eut peine à aller, le soir, de son cabinet à son prie-Dieu; et le lundi qu'il prit médecine et voulut souper à son grand couvert, à dix heures, suivant sa coutume, et ne se coucher qu'à minuit, il me parut en se déshabillant un homme mort. Jamais le dépérissement d'un corps vigoureux n'est venu avec une précipitation semblable à la maigreur dont il étoit devenu en peu de temps; il sembloit, à voir son corps nu, qu'on en avoit fait fondre les chairs.

Hier samedi 24 août, qui étoit le onzième jour de la maladie du roi, S. M. soupant en public dans sa chambre à coucher, comme elle avoit fait depuis le mardi, 13 du même mois, elle se trouva plus mal, et ayant eu une assez grande foiblesse après souper, S. M. demanda à se

---

et du *Mercure*. Mais Lefebvre a profondément modifié dans la forme et dans le fond le récit de Dangeau, et l'on jugera de sa manière par le préambule de son *Journal* : « Voici pour les lecteurs le plus grand, le plus touchant et le plus héroïque spectacle, etc. » En outre, Lefebvre a supprimé tout ce qui pouvait, dans le manuscrit de Dangeau, déplaire au nouveau gouvernement du régent. Nous noterons seulement quelques-unes des différences qui existent entre les deux récits de Dangeau et de Lefebvre.

L'appartement de Dangeau à Versailles se trouvait au deuxième étage de l'aile du Midi ou des Princes, sur l'emplacement occupé aujourd'hui par l'extrémité de la galerie des Portraits (n° 167 de la *Notice des peintures et sculptures composant le Musée impérial de Versailles*, par Eud. Soulé. — 2e partie, 1855), par la salle n° 168 (portraits anglais) et par la voussure de la galerie des Batailles, du côté de l'escalier des Princes.

confesser, et le fut sur les onze heures du soir; mais ayant un peu dormi ce matin, S. M. s'est trouvé encore assez de force et de courage pour faire entrer le public à son dîner. Comme c'est aujourd'hui la Saint-Louis, qui est le jour de sa fête, les tambours sont venus lui donner des aubades. Elle les a fait avancer sous son balcon pour les entendre mieux, parce que son lit en est assez reculé; et les vingt-quatre violons et les hautbois ont joué pendant son dîner, dans son antichambre (1), dont il a fait ouvrir la porte pour les entendre mieux. La petite musique, qu'il avoit accoutumé depuis quelque temps d'entendre sur le soir chez madame de Maintenon et depuis très-peu de jours dans sa chambre, étoit prête à y entrer sur les sept heures du soir, quand S. M., qui s'étoit endormie, se réveilla avec un pouls fort mauvais et une absence d'esprit qui effraya les médecins et qui fit résoudre à lui donner sur-le-champ le viatique, au lieu que S. M. avoit la veille, en se confessant, déterminé d'entendre la messe à minuit et d'y communier.

Le roi, revenu de l'embarras qu'il eut dans l'esprit près d'un quart d'heure après son réveil et craignant de retomber dans un pareil état, pensa lui-même qu'il devoit recevoir le viatique sans attendre plus longtemps, et comptant de ce moment qu'il lui restoit peu d'heures à vivre, il agit et donna ordre à tout comme un homme qui va mourir, mais avec une fermeté, une présence d'esprit et une grandeur d'âme dont il n'y a jamais eu d'exemple. Le cardinal de Rohan, grand aumônier de France, accompagné de deux aumôniers de quartier et du curé de la paroisse de Versailles (2), ont apporté le viatique et les saintes huiles, un peu avant huit heures, par le degré dérobé par lequel on entre dans les

---

(1) C'est le salon de l'Œil-de-Bœuf, auquel on ne donna ce dernier nom que sous Louis XV.
(2) Claude Huchon.

cabinets de S. M. (1); et cela s'est fait avec tant de précipitation que cette pieuse et triste fonction devoit être faite avec plus de décoration pour le moindre citoyen. Il n'y avoit que sept ou huit flambeaux, portés par les frotteurs du château et par deux laquais du premier médecin et un laquais de madame de Maintenon. Le cardinal de Rohan portoit Notre-Seigneur, et le curé les saintes huiles. M. le duc d'Orléans et ceux des princes du sang (2) qui ont été assez tôt avertis ont accompagné Notre-Seigneur; et, pendant qu'on l'alla querir, toutes les princesses et leurs dames d'honneur sont venues par les derrières dans l'appartement du roi, où les grands officiers de sa maison se sont rendus aussi. Il n'y est point entré d'autres personnes. Les prières pour le viatique et les cérémonies de l'extrême-onction ont duré plus d'une demi-heure. Les princes et les officiers de la maison qui se sont trouvés les plus proches de la chambre du roi y sont entrés pendant tout ce temps-là; mais les princesses sont demeurées dans le cabinet du Conseil (3).

---

(1) Ce degré dérobé a été remplacé sous Louis XV par la pièce qui porte au premier étage le nom de *cabinet des Chasses*. Le salon des pendules et la pièce qui devint plus tard la chambre à coucher de Louis XV formaient sous Louis XIV ce qu'on nommait les cabinets du roi. Ces pièces se trouvant *derrière* l'appartement du roi, on disait des personnes qui y étaient admises qu'elles entraient *par les derrières* dans sa chambre au lieu de passer *par les devants*, c'est-à-dire par la salle des gardes et l'antichambre.

(2) Les princes du sang autres que le duc d'Orléans étaient :

Louis-Henri de Bourbon (*Monsieur le Duc*), duc de Bourbon, prince de Condé, né en 1692.

Charles de Bourbon-Condé, comte de Charolais, né en 1700.

Louis-Armand de Bourbon, prince de Conti, né en 1695.

Louis-Auguste de Bourbon, duc du Maine, né en 1670.

Louis-Alexandre de Bourbon, comte de Toulouse, né en 1678.

Nous ne mentionnons pas les jeunes princes des maisons d'Orléans, de Condé, de Conti et du Maine, qui, comme on le verra plus loin, ne furent pas appelés, à cause de leur âge.

(3) Le cabinet du Conseil se trouvait à la place qu'occupe encore aujourd'hui la salle dite du Conseil, mais cette pièce était alors séparée en deux parties : la partie la plus rapprochée de la chambre du roi était le *cabinet du Conseil*; l'autre partie, donnant sur une petite cour, se nommait le *cabinet des Perruques*.

Les princes et plusieurs des grands officiers ont reconduit Notre-Seigneur. Dès qu'il a été hors de l'appartement, madame de Maintenon, qui avoit été toute l'après-dînée dans la chambre du roi, est sortie de l'appartement, conduite par le duc de Noailles, et S. M. a en même temps fait apporter sur son lit une petite table et a écrit de sa main quatre ou cinq lignes sur la quatrième page d'un codicille qu'il avoit fait et dont les trois premières étoient remplies; et il n'y eut pendant ce temps-là dans sa chambre que M. le chancelier (1), la porte qui donne dans le cabinet du conseil étant demeurée ouverte et les courtisans auprès de la porte en dedans du cabinet. Pendant que le roi écrivoit, madame de Maintenon est rentrée et s'est mise à la ruelle la plus éloignée de la porte du cabinet (2), en sorte qu'on ne la voyoit point. Dès que le roi a eu fini d'écrire, il a demandé à boire, et les courtisans les plus près de la porte ont avancé deux ou trois pas dans la chambre, à la vue du roi, dont le rideau du lit, du côté de la cheminée et de la porte du cabinet, étoit ouvert. S. M., ayant jeté les yeux sur le maréchal de Villeroy, l'a appelé avec une voix si forte qu'elle n'avoit rien d'un mourant, et lui a parlé pendant un demi-quart d'heure; le maréchal est rentré dans le cabinet tout baigné de larmes. Après le maréchal de Villeroy, le roi a appelé M. Desmaretz (3), et lui a parlé pendant une ou deux minutes. S. M. a pris ensuite un bouillon, et après elle a appelé M. le duc d'Orléans, et lui a parlé pendant près d'un quart d'heure. Le duc du Maine, qu'elle avoit aussi demandé en même temps, étant retourné dans son appartement, il n'est venu qu'après que le discours que le roi a fait au duc d'Orléans a été fini. Le duc d'Orléans est sorti en faisant des sanglots et tout

---

(1) Daniel-François Voisin.
(2) C'est-à-dire dans la ruelle du côté de l'*Œil-de-Bœuf;* les courtisans étant dans la salle du conseil ne pouvaient voir madame de Maintenon.
(3) Nicolas Desmaretz, marquis de Maillebois, contrôleur général des finances.

baigné de larmes. Le discours que S. M. a fait au duc du Maine a été de la longueur de celui du maréchal de Villeroy, et vers le milieu S. M. a fait appeler le comte de Toulouse; et après que les deux frères ont été sortis, le roi a fait appeler M. le Duc, le comte de Charolois et le prince de Conty, et leur a parlé à tous trois ensemble. Le discours a été fort court, et tous ces princes rentroient dans le cabinet le cœur si pénétré et si en pleurs qu'il n'y a jamais eu dans une cour un spectacle plus touchant; car comme S. M. a toujours tendrement aimé sa famille, elle pleuroit de tendresse en parlant à tous ces princes, qui le redisoient aux courtisans qui étoient dans le cabinet, pénétrés de douleur et sans mouvement. M. le chancelier a été le seul en dedans la chambre du roi pendant tout ce triste temps; il étoit debout, entre la cheminée et la porte du cabinet, c'est-à-dire hors de portée d'entendre ce que S. M. disoit.

S. M. n'a appelé aucune des princesses, qui sont demeurées avec les courtisans dans les cabinets, sans voir le roi.

Dès que S. M. a eu fini de parler aux princes, les chirurgiens et les apothicaires ont préparé ce qu'il falloit pour panser la gangrène de sa jambe, et pendant qu'on la pensoit, M. le chancelier est sorti de la chambre et est venu parler à M. le duc d'Orléans, qui étoit assis dans l'embrasure de la fenêtre du cabinet, la plus proche de la chambre, et aussitôt ils se sont approchés l'un et l'autre de la table du conseil, au bout où le roi a accoutumé de s'asseoir. Le chancelier a tiré d'une enveloppe, qui n'étoit point cachetée, le papier que S. M. venoit d'écrire (1), et l'a donné à M. le duc d'Orléans, qui pour le lire s'est appuyé sur la table, sans s'asseoir, et le chancelier est demeuré debout, auprès de lui. Les lignes et l'écriture

---

(1) C'étaient les codicilles ajoutés par Louis XIV à son testament, qui avait été déposé l'année précédente au parlement de Paris. Nous reproduisons à l'Appendice de l'année 1715 le testament de Louis XIV et ses deux codicilles.

sont fort serrées. Après que le duc d'Orléans a achevé de lire, le chancelier a remis le papier dans l'enveloppe, et après en avoir fait lire le dessus au duc d'Orléans il l'a mis dans sa poche sans le cacheter. Voilà le premier acte de la grandeur prochaine du duc d'Orléans, dont les bonnes et grandes qualités du cœur et de l'esprit doivent nous faire espérer un gouvernement sage et heureux pendant la minorité. Après la lecture, le duc d'Orléans et le chancelier ont eu une conversation d'environ un quart d'heure, après laquelle le chancelier est sorti de l'appartement, et le duc d'Orléans est demeuré dans le cabinet avec les médecins. Il étoit onze heures quand cela a fini.

Comme le roi avoit pendant ce temps-là fait tirer son rideau et dit qu'il vouloit reposer, les princesses sont toutes sorties pendant que le duc d'Orléans lisoit le papier. Les princes et les courtisans en ont fait autant. Je suis demeuré des derniers, pour voir la fin d'un si grand et si triste spectacle.

Madame de Maintenon sortit lorsque le rideau du roi fut tiré, et alla manger un morceau dans les derrières de l'appartement du roi, pour ne pas passer dans les antichambres, remplies de monde du côté de son appartement.

Les princesses étoient : madame la duchesse de Berry, petite-fille du roi (1); Madame, belle-sœur du roi (2); madame la duchesse d'Orléans, fille du roi (3); madame la Princesse (4); madame la Duchesse douairière, fille du roi (5);

---

(1) Marie-Louise-Élisabeth d'Orléans, veuve de Charles de France, duc de Berry, petit-fils de Louis XIV. Elle était petite-fille du roi par alliance, et petite-fille du roi et de madame de Montespan, par sa mère Françoise-Marie de Bourbon, duchesse d'Orléans.

(2) Élisabeth-Charlotte de Bavière, duchesse douairière d'Orléans, veuve de Philippe de France, duc d'Orléans, frère de Louis XIV.

(3) Françoise-Marie de Bourbon, duchesse d'Orléans, fille légitimée de Louis XIV et de madame de Montespan.

(4) Anne de Bavière, princesse de Condé, veuve de Henri-Jules de Bourbon, nommé *Monsieur le Prince*.

(5) Louise-Françoise de Bourbon, duchesse douairière de Bourbon, veuve

madame la Duchesse, femme de son petit-fils (1); madame la princesse de Conty, douairière, sa fille (2); madame la princesse de Conty, femme de son petit-fils (3); madame la duchesse du Maine.

Le Dauphin et le duc de Chartres, étant trop enfants, ne sont point venus dans l'appartement du roi (4).

Le prince de Dombes et le comte d'Eu n'y étoient point non plus (5).

Les principaux officiers et courtisans étoient : le cardinal de Rohan, grand aumônier de France; le prince Charles de Lorraine, grand écuyer; le duc de Tresmes, premier gentilhomme de la chambre en année; les ducs de la Trémoille et de Mortemart, premiers gentilshommes de la chambre; le duc de la Rochefoucauld, grand maître de la garde-robe; le maréchal de Villeroy, chef du conseil des finances; le duc de Villeroy, son fils, le duc de Noailles et le duc de Charost, tous trois capitaines des gardes du corps; le prince de Rohan, capitaine-lieutenant des gendarmes; le duc de Chaulnes, capitaine-lieutenant des chevau-légers; le marquis de Dangeau, chevalier de l'Ordre (6); le duc de Guiche, colonel au

---

de Louis III, duc de Bourbon, nommé *Monsieur le Duc*; elle était fille de Louis XIV et de madame de Montespan.

(1) Marie-Anne de Bourbon-Conty, mariée à Louis-Henri, duc de Bourbon, nommé *Monsieur le Duc*; il était fils de Louis III, duc de Bourbon, et de la précédente, et par conséquent petit-fils de Louis XIV et de madame de Montespan.

(2) Anne-Marie de Bourbon, veuve de Louis-Armand de Bourbon, prince de Conty; elle était fille de Louis XIV et de madame de la Vallière.

(3) Louise-Élisabeth de Bourbon-Condé, fille de Louis III, duc de Bourbon, et petite-fille de Louis XIV et de madame de Montespan. Son mari était petit-fils du roi par alliance.

(4) Le Dauphin, né le 15 février 1710, était dans sa sixième année, et le duc de Chartres, né le 4 août 1703, avait douze ans.

(5) Le prince de Dombes et le comte d'Eu, fils du duc du Maine, avaient le premier quinze ans et le second quatorze.

(6) Lefebvre, dans son *Journal historique*, a supprimé le nom de Dangeau dans cette liste.

régiment des gardes; le duc d'Antin, surintendant des bâtiments; le duc de Lauzun, qui a les grandes entrées; le marquis de Torcy, le comte de Pontchartrain et le marquis de la Vrillière, tous trois secrétaires d'État; le cardinal de Polignac, maître de la chapelle; M. le premier écuyer (1); le marquis de Courtenvaux, capitaine des Cent-Suisses; le marquis de Livry, premier maître d'hôtel; le marquis de Maillebois, maître de la garde-robe; le marquis de Dreux, grand maître des cérémonies; M. Desgranges, maître des cérémonies; le baron de Breteuil, introducteur des ambassadeurs; le P. le Tellier, confesseur du roi; l'abbé de Choiseul et l'abbé de Froulay, aumôniers de quartier; le marquis de Sourches, grand prévôt de France; la Chaise, capitaine des gardes de la porte; les quatre premiers valets de chambre (2); et en général tous ceux qui ont les grandes entrées chez le roi, la première entrée et l'entrée de la chambre (3).

Lundi 26 août, après dîner et au soir. — Il ne s'est rien

---

(1) Jacques-Louis de Beringhen.
(2) Louis de Nyert, Louis Blouin, François Quentin de la Vienne et Louis Bontemps.
(3) Ceux qui par leur rang ou par leurs charges avaient *les grandes entrées*, c'est-à-dire qui avaient le droit d'entrer au lever lorsque le roi était encore au lit étaient : les princes du sang, le grand chambellan, les quatre premiers gentilshommes de la chambre, le grand maître et les maîtres de la garde-robe, les quatre premiers valets de chambre, le premier médecin et le premier chirurgien et, ajoute l'*État de la France*, « certaines personnes à qui le roi a accordé cette entrée par une grâce particulière, comme M. de Lauzun ».
La *première entrée* était appelée immédiatement après que le roi était sorti du lit, et assistait à ce qu'on appelait le *petit lever*. Ceux qui n'avaient pas droit à cette entrée par leurs charges, comme les secrétaires du cabinet, les lecteurs de la chambre, etc., avaient un brevet du roi, nommé *brevet d'entrée*. Le marquis de Dangeau était parmi ces derniers.
Enfin, au moment où le roi allait s'habiller commençait le grand lever, et alors on introduisait *l'entrée de la chambre*, c'est-à-dire les cardinaux, archevêques et évêques, le nonce, les ambassadeurs, les ducs et pairs, les maréchaux de France, les gouverneurs de provinces, les lieutenants généraux, les premiers présidents de parlement et autres. Tous les personnages faisant partie de cette entrée n'étaient pas admis de droit, mais après qu'on avait consulté le roi sur les noms de ceux qui se présentaient.

passé la nuit dernière de considérable. Tous ceux que j'ai nommés hier au soir, et encore quelques autres ayant les entrées, comme le duc de Bouillon, grand chambellan de France, le duc d'Aumont, premier gentilhomme de la chambre, et le maréchal d'Harcourt, capitaine des gardes du corps, se sont rendus entre neuf ou dix heures du matin dans les cabinets du roi, et peu de temps après toutes les princesses; la grande galerie et l'appartement de S. M. étant remplis comme hier au soir de quantité de seigneurs et de gens de considération qui n'ont point les entrées.

Sur les dix heures on a pansé la jambe du roi, dans laquelle on lui a donné plusieurs coups de lancette et fait des incisions jusqu'à l'os; et comme on a trouvé que la gangrène gagnoit jusque-là, il n'y a plus eu lieu de douter, même à ceux qui auroient le plus voulu se flatter, qu'elle vient du dedans et qu'on ne peut y apporter aucun remède. Madame de Maintenon étoit seule dans la chambre et à genoux au pied du lit pendant qu'on pansoit S. M., qui l'a priée d'en sortir et de n'y plus revenir, parce que sa présence l'attendrissoit trop. Elle n'a pas laissé d'y revenir après la messe; mais après ce pansement le roi lui a dit que puisqu'il n'y avoit plus de remède, il demandoit au moins qu'on le laissât mourir en repos (1).

A midi, S. M. a fait entrer le petit Dauphin dans sa chambre, et après l'avoir embrassé il lui a dit: « Mignon, « vous allez être un grand roi, mais tout votre bonheur « dépendra d'être soumis à Dieu et du soin que vous aurez « de soulager vos peuples. Il faut pour cela que vous « évitiez autant que vous le pourrez de faire la guerre : « c'est la ruine des peuples. Ne suivez pas le mauvais « exemple que je vous ai donné sur cela; j'ai souvent

---

(1) Voilà l'explication du départ de madame de Maintenon avant la mort du roi. C'est pour lui obéir qu'elle le quitta, comme on le verra plus loin, le 30 août, à cinq heures du soir, alors qu'il avait perdu toute connaissance.

« entrepris la guerre trop légèrement et l'ai soutenue
« par vanité. Ne m'imitez pas, mais soyez un prince
« pacifique, et que votre principale application soit de
« soulager vos sujets. Profitez de la bonne éducation
« que madame la duchesse de Ventadour vous donne,
« obéissez-lui, et suivez aussi pour bien servir Dieu
« les conseils du P. le Tellier, que je vous donne pour
« confesseur (1).

« Pour vous, Madame [dit-il à madame de Ventadour],
« j'ai bien des remercîments à vous faire du soin avec
« lequel vous élevez cet enfant et de la tendre amitié que
« vous avez pour lui ; je vous prie de la lui continuer, et
« je l'exhorte à vous donner toutes les marques possi-
« bles de sa reconnoissance. » Après quoi, il a encore embrassé le Dauphin par deux fois, et en fondant en larmes
il lui a donné sa bénédiction. Le petit prince, mené par
la duchesse de Ventadour, sa gouvernante, en est sorti en
pleurant, et ce tendre spectacle nous a tiré des larmes à tous.

Un moment après le roi a envoyé quérir le duc du
Maine et le comte de Toulouse, et leur a parlé la
porte fermée. Il a fait la même chose avec le duc
d'Orléans, qu'on a été quérir dans son appartement, où
il étoit retourné ; et dans le moment que ce prince
sortoit de la chambre, S. M. l'a rappelé jusqu'à deux fois.

A midi et demi, le roi a entendu la messe dans sa
chambre avec la même attention qu'il a accoutumé de
l'entendre le jour qu'il a pris médecine, les yeux toujours ouverts, en priant Dieu avec une ferveur surpre-
nante. Dans l'instant qu'elle alloit commencer, S. M. a appelé le marquis de Torcy, ministre d'État des affaires

---

(1) M. Le Roi a inséré dans les *Mémoires de la Société des sciences mo-*
rales, des lettres et des arts de Seine-et-Oise une note sur les dernières
paroles de Louis XIV à son arrière-petit-fils, dans laquelle il a cité ce discours
d'après le *Journal historique* de Lefebvre ; aussi n'y trouve-t-on pas le passage relatif au P. le Tellier, passage qui dut être supprimé par ordre du régent, le père le Tellier ayant été chassé après la mort du roi.

étrangères, et lui a dit un mot. La messe finie, il a fait approcher de lui le cardinal de Rohan et le cardinal de Bissy, auxquels il a parlé pendant une minute, et en finissant de leur parler il a adressé la parole à haute voix à tout ce que nous étions de ses officiers dans la ruelle et auprès de son balustre. Nous avons tous approché de son lit, et il nous a dit :

« Messieurs, je suis content de vos services; vous
« m'avez fidèlement servi et avec envie de me plaire.
« Je suis fâché de ne vous avoir pas mieux récom-
« pensés que j'ai fait; les derniers temps ne l'ont pas
« permis. Je vous quitte avec regret. Servez le Dauphin
« avec la même affection que vous m'avez servi; c'est
« un enfant de cinq ans, qui peut essuyer bien des
« traverses, car je me souviens d'en avoir beaucoup es-
« suyé pendant mon jeune âge. Je m'en vais, mais l'État
« demeurera toujours; soyez-y fidèlement attachés, et que
« votre exemple en soit un pour tous mes autres sujets.
« Soyez tous unis et d'accord; c'est l'union et la force d'un
« État; et suivez les ordres que mon neveu vous donnera.
« Il va gouverner le royaume; j'espère qu'il le fera bien.
« J'espère aussi que vous ferez votre devoir et que vous
« vous souviendrez quelquefois de moi. » A ces dernières paroles, nous sommes tous fondus en larmes, et rien ne peut exprimer les sanglots, l'affliction et le désespoir de tout ce que nous étions. Sa voix n'étoit point entrecoupée, et seulement beaucoup plus foible qu'à l'ordinaire.

Après la messe, le roi a encore envoyé querir le duc d'Orléans, qui a dit à ceux qui se sont trouvés auprès de lui au sortir de la chambre, du nombre desquels j'étois, que c'étoit pour lui recommander madame de Mainte-non (1); et dans l'instant S. M. a fait entrer dans sa

---

(1) Lefebvre a modifié ainsi ce passage : « Il envoya querir encore M. le duc d'Orléans, à qui il dit des choses qui n'ont été sues de personne. »
Voici ce que dit à ce sujet un *Mémoire sur madame de Maintenon*, ma-

chambre Madame et toutes les princesses, qui ont été suivies de leurs dames d'honneur. Elles n'y ont été qu'un moment, et je ne comprends pas comme le roi a pu résister aux lamentations et aux cris qu'elles ont toutes fait.

Il faut avoir vu les derniers moments de ce grand roi pour croire la fermeté chrétienne et héroïque avec laquelle il a soutenu les approches d'une mort qu'il savoit prochaine et inévitable. Il n'y a eu aucun moment, depuis hier au soir huit heures, où il n'ait fait quelque action illustre, pieuse et héroïque, non point comme ces anciens Romains qui ont affecté de braver la mort, mais avec une manière naturelle et simple comme les actions qu'il avoit le plus accoutumé de faire, ne parlant à chacun que des choses dont il convenoit de lui parler, et avec une éloquence juste et précise qu'il a eue toute sa vie et qui semble s'être encore augmentée dans ses derniers moments. Enfin, quelque grand qu'il ait été dans le cours glorieux d'un règne de soixante-douze ans, il s'est encore fait voir plus

---

nuscrit cité par M. Th. Lavallée dans son *Histoire de la Maison Royale de Saint-Cyr*. « Le Roi m'a dit trois fois adieu, racontait madame de Maintenon aux dames de Saint-Cyr ; la première en me disant qu'il n'avoit de regret que celui de me quitter, mais que nous nous reverrions bientôt ; je le priai de ne plus penser qu'à Dieu. La seconde il me demanda pardon de n'avoir pas assez bien vécu avec moi ; qu'il ne m'avoit pas rendue heureuse, mais qu'il m'avoit toujours aimée et estimée également. Il pleuroit, et me demanda s'il n'y avoit personne ; je lui dis que non : il dit : « Quand on entendroit que je m'attendris avec vous, personne n'en seroit surpris. » Je m'en allai pour ne pas lui faire de mal. A la troisième il me dit : « Qu'allez-vous devenir ? car vous n'avez rien. » Je lui répondis : « Je suis un rien ; ne vous occupez que de Dieu ; » et je le quittai. Quand j'eus fait deux pas, je pensai que dans l'incertitude du traitement que me feroient les princes, je devois demander qu'il demandât à M. le duc d'Orléans d'avoir de la considération pour moi. Il le fit de la manière dont le prince le publia sur-le-champ : « Mon neveu, je vous recommande madame de Maintenon ; vous savez la considération et l'estime que j'ai eues pour elle ; elle ne m'a donné que de bons conseils, j'aurois bien fait de les suivre. Elle m'a été utile en tout, mais surtout pour mon salut. Faites tout ce qu'elle vous demandera pour elle, pour ses parents, pour ses amis, pour ses alliés : elle n'en abusera pas ; qu'elle s'adresse directement à vous pour tout ce qu'elle voudra. »

grand dans sa mort. Son bon esprit et sa fermeté ne l'ont pas abandonné un moment, et en parlant avec douceur et bonté à tous ceux à qui il a bien voulu parler, il a conservé toute sa grandeur et sa majesté jusqu'au dernier soupir. Je défie les prédicateurs les plus pathétiques de trouver, dans les exagérations de l'éloquence, rien de plus touchant que tout ce qu'il a fait depuis hier au soir, ni d'expressions qui puissent mettre dans tout leur jour les marques qu'il a données d'un véritable chrétien, d'un véritable héros et d'un héros roi.

Sur les deux heures, madame de Maintenon étant seule dans la chambre du roi, S. M. a fait venir M. le chancelier, et lui a fait ouvrir des cassettes dont il a fait brûler par le chancelier partie des papiers et lui a donné ses ordres sur les autres, avec la même présence et la même tranquillité d'esprit qu'il avoit accoutumé de les lui donner dans ses conseils. Ce travail dura environ deux heures. Il a fait encore venir sur les six heures M. le chancelier, madame de Maintenon présente, et a travaillé environ une demi-heure avec lui. Le reste de la journée, madame de Maintenon y a été seule, et le P. le Tellier, son confesseur, a eu de temps en temps des conférences de piété avec lui, comme il les a eues ce matin et le dimanche, n'ayant pas été depuis sa confession une heure sans parler de piété à son confesseur ou à madame de Maintenon.

À dix heures du soir on a pansé la jambe de S. M., et l'on a trouvé non-seulement que la gangrène n'a fait aucun progrès depuis ce matin, mais qu'en tout la jambe est mieux; et comme les forces de S. M. sont un peu revenues pendant l'après-dînée, cela donne une lueur d'espérance à ceux qui aiment à se flatter; mais ceux qui n'écoutent que la raison n'en ont guère.

Le mardi au soir, 27°. — L'état du roi a été toute la journée presque semblable à celui d'hier, S. M. s'affoiblissant de plus en plus et ayant même eu, quelques moments, des convulsions et quelque légère absence d'esprit ; mais la gangrène n'a fait aucun progrès ; et quand on l'a pansé ce soir à dix heures, elle étoit encore comme hier, au-dessous de la marque que l'habitude qu'il a eue de porter toujours une jarretière a faite autour de sa jambe.

Pendant la nuit et le jour il a fait entrer à vingt reprises le P. le Tellier dans sa chambre pour lui parler de Dieu (madame de Maintenon y a presque toujours été), et y a fait quelquefois entrer M. le chancelier. Les premiers gentilshommes de la chambre n'y sont entrés, comme hier, que dans les temps qu'il a pris des bouillons. Il a entendu la messe à midi ; mais il a ordonné qu'il n'y eût que le premier aumônier et deux aumôniers de quartier qui entrassent dans sa chambre.

L'après-dînée il a fait appeler sur le soir, par le P. le Tellier, le comte de Pontchartrain, secrétaire d'État de sa maison et de Paris, qui étoit dans le cabinet, et lui a dit : « Aussitôt que je serai mort, vous expédierez un « brevet pour faire porter mon cœur à la Maison professe « des Jésuites et l'y faire placer de la même manière que « celui du feu roi mon père. Je ne veux pas qu'on y fasse « plus de dépense. » Il lui donna cet ordre avec la même tranquillité qu'il ordonnoit, en santé, une fontaine pour Versailles ou pour Marly.

Il avoit ordonné dès avant-hier qu'on menât le Dauphin à Vincennes aussitôt qu'il seroit expiré, et il s'est souvenu aujourd'hui que le grand maréchal des logis n'avoit jamais fait le logement dans ce château, où il y a plus de cinquante ans que la cour n'a logé, et a ordonné qu'on allât prendre un plan qu'il avoit de ce château dans un endroit qu'il a indiqué, et qu'on le portât au grand maréchal des logis pour lui faciliter le logement qu'il doit faire.

Il a dit le soir à madame de Maintenon : « J'ai tou- « jours ouï dire qu'il est difficile de mourir ; pour « moi, qui suis sur le point de ce moment si redoutable

« aux hommes, je ne trouve pas que cela soit difficile. »
Il n'y a certainement point d'exemple qu'aucun homme
ait envisagé la mort pendant un long temps avec un
sang-froid et une fermeté semblables.

Mercredi 28°, au soir. — La nuit du roi a été semblable aux précédentes; mais comme sur les sept heures du matin il a envoyé quérir le P. le Tellier, qui ne faisoit que sortir du cabinet où il avoit couché, on a cru qu'il étoit à l'extrémité, et cela a fait un si grand mouvement dans le château que tout le monde crut qu'il expiroit. Il a dans ce moment aperçu dans ses miroirs deux de ses garçons de la chambre qui pleuroient au pied de son lit; il leur a dit : « Pourquoi pleurez-vous? Est-ce que vous
« m'avez cru immortel? Pour moi, je ne l'ai jamais cru
« être, et vous avez dû vous préparer depuis longtemps
« à me perdre dans l'âge où je suis. »

Sur les onze heures, il s'est présenté un Provençal, appelé Brun, inconnu de tout le monde, qui, venant de Marseille à Paris et ayant ouï dire sur le chemin l'état où est le roi, a pris la poste et a apporté un élixir qu'il prétend être infaillible pour la gangrène, même qui tient du dedans. On l'a fait parler aux médecins, et après qu'il leur a dit de quoi sa drogue est composée, on en a fait prendre, à midi, dix gouttes au roi dans trois cuillerées de vin d'Alicante. S. M., en prenant ce breuvage, qui sent fort mauvais, a dit : « Je
« ne le prends ni dans l'espérance ni avec désir de guérir,
« mais je sais qu'en l'état où je suis je dois obéir aux
« médecins. » Cette drogue est un élixir fait avec le corps d'un animal, de la même manière à peu près qu'on fait les gouttes d'Angleterre avec les crânes d'homme. Brun en a pris avant qu'on en ait donné au roi, qui, une heure après, s'est senti un peu plus fort, effet des remèdes fort spiritueux; mais peu de temps après S. M. est retombée dans la foiblesse, et on a trouvé son pouls plus mauvais, ce qui a fait que sur les quatre heures il y a eu une si grande dispute entre les médecins et les courtisans pour

savoir si on continueroit ou non à donner ce remède, que M. le duc d'Orléans a été appelé pour en décider. Il a fait entrer cette espèce de charlatan dans la chambre du roi et lui a fait tâter son pouls ; après quoi, il a été résolu que puisqu'il n'y avoit plus d'espérance de sauver le roi, on donneroit encore cet élixir pour le soutenir quelques heures de plus. Il en a pris à huit heures du soir, et sa jambe a été pansée à dix, à l'ordinaire. On a trouvé, comme hier au soir, que la gangrène n'a fait aucun progrès, mais le pouls a été tout le jour très-mauvais, l'assoupissement assez continuel, et la tête par intervalles embarrassée ; en sorte que de la journée il n'a presque parlé qu'à son confesseur. Madame de Maintenon n'est venue dans sa chambre que l'après-dînée, même assez tard, et l'ayant trouvé fort assoupi, elle en est sortie sans lui parler et est allée sur les sept heures du soir coucher à Saint-Cyr pour y faire ses dévotions demain matin, et revenir si la vie du roi se soutient (1).

Jeudi 29ᵉ, à minuit. — On a continué, la nuit dernière et tout aujourd'hui, à donner au roi, de huit heures en huit heures, le remède de Brun, et on l'a même fait entrer dans la chambre du roi, comme les autres médecins, toutes les fois que S. M. l'a pris. Il a paru ce matin que cet élixir spiritueux ranimoit le roi et lui donnoit plus de force qu'il n'en avoit eu la veille ; et comme la plupart des gens sont extrêmes en tout, et surtout les dames, elles vouloient

---

(1) Ces derniers mots récusent formellement l'assertion de Saint-Simon, qui prétend que le roi fut obligé le lendemain d'envoyer chercher madame de Maintenon à Saint-Cyr, et qu'elle n'en revint que le 29 au soir. On va voir que le 29 madame de Maintenon fut presque tout le jour avec le P. le Tellier dans la chambre du roi. Si dès le 28 août madame de Maintenon avait eu l'intention de quitter le roi pour ne plus revenir, elle aurait dès ce jour-là abandonné à ses domestiques, comme elle le fit le 30, ses meubles et son équipage.

Au reste, Saint-Simon a un tel besoin de déclamation à tort et à travers qu'il termine son récit de la mort de Louis XIV en disant : « Ainsi mourut un des plus grands rois de la terre, entre les bras d'une indigne et ténébreuse épouse et de ses doubles bâtards », et que quelques lignes plus bas il leur reproche leur abandon du roi à ses derniers jours.

que Brun fût une espèce d'ange envoyé du ciel pour guérir le roi et qu'on jetât tous les médecins de la cour et de la ville dans la rivière. Enfin, il passoit pour si constant que le roi alloit guérir, que ceux qui avec plus de raison disoient que le pouls du roi étant toujours détestable, il ne falloit regarder l'effet de l'élixir que comme un peu d'huile qu'on remet dans une lampe qui s'éteint et qui s'éteindra entièrement dans peu de moments, il sembloit que ceux qui parloient ainsi ne souhaitoient pas la guérison du roi, parce qu'ils parloient plus sagement que ceux qui s'abandonnoient à une espérance frivole.

Le roi a ce matin entendu la messe, qu'il n'avoit pu entendre hier, et S. M. a mangé, entre six et sept heures du soir, deux biscuits dans du vin avec beaucoup d'appétit; elle a encore pris à huit heures du soir de l'élixir de Brun. Il a paru quand elle l'a pris que la tête commençoit à être fort embarrassée, et S. M. a dit elle-même qu'elle n'en pouvoit plus. Enfin, sur les dix heures et demie du soir on a levé l'appareil de la jambe pour la panser, et on a trouvé malheureusement que la gangrène est dans tout le pied, qu'elle a gagné le genou et que la cuisse est enflée. Le roi lui-même, quoique sa connoissance ne soit presque plus que machinale, a dit qu'il s'anéantissoit. Madame de Maintenon et son confesseur ont été presque tout le jour dans sa chambre, et il a encore, cette après-dînée, fait des actes de piété avec la résignation d'un vrai saint aux volontés de Dieu.

Vendredi, à minuit, 30 août. — Le roi a été toute la journée dans un assoupissement presque continuel et n'ayant quasi plus que la connoissance animale. Son confesseur, qui ne l'a point quitté, n'en a pu rien tirer de toute l'après-dînée. On a levé ce soir l'appareil, à l'heure ordinaire; on a trouvé la jambe aussi pourrie que s'il y avoit six mois qu'il fût mort, et l'enflure de la gangrène au genou et dans toute la cuisse. Cependant ce prince est né avec une constitution si bonne et un tempérament si fort qu'il combat encore contre la mort. Il prend de la gelée et boit de temps en temps de l'eau pure, car il repousse la boisson dès qu'il y sent du vin. Il dit en buvant quelques paroles, mais tout cela machinalement et sans connoissance distincte. Madame de Maintenon s'en est allée à cinq heures à Saint-Cyr pour n'en revenir jamais, et avant de partir elle a distribué dans son domestique le peu de meubles qu'elle avoit et son équipage. Elle a dit adieu à ses nièces pour ne les revoir jamais, car elle a déclaré qu'elle ne veut que qui que ce soit au monde l'aille voir à Saint-Cyr.

Samedi au soir, 31 août. — Le roi a été sans connoissance toute la journée, les moments lucides ayant été fort courts, et plutôt une connoissance machinale que de raison. Dans le peu de chose qu'il a dit il a paru qu'il s'impatiente de ne pas voir la fin d'une si longue agonie. La gangrène a continué à faire du progrès, et cependant la mort ne sauroit venir à bout d'achever de la détruire, tant la force de sa constitution étoit prodigieuse. Il a pris, comme hier, de la gelée et quelques verres d'eau. Quand on lui donne de la gelée ou à boire avec le biberon, il faut lui ouvrir la bouche et lui tenir les mains, parce que sans cela il ôteroit de sa bouche tout ce qu'on lui donne. Madame la duchesse du Maine a souhaité qu'on lui donne aujourd'hui le remède que le médecin Agnan donne pour la petite vérole, et les médecins y ont consenti, parce que n'y ayant plus aucune ressource il vaut autant qu'il meure après avoir pris ce remède que sans l'avoir pris. A dix heures et demie du soir on lui a dit les prières des agonisants, crainte qu'il n'expire pendant la nuit. La voix des aumôniers qui ont fait les prières a frappé la machine, qui pendant ces prières a dit à plus haute voix qu'eux l'*Ave Maria* et le *Credo* à plusieurs reprises, mais sans aucune connoissance et par la grande habitude que S. M. a de les prononcer.

Dimanche, 1ᵉʳ septembre 1715. — Le roi est mort ce matin, à huit heures un quart et demi, et il a rendu l'âme sans aucun effort, comme une chandelle (1) qui s'éteint. La nuit s'étoit passée sans aucune connoissance. Aussitôt qu'il a expiré, le duc d'Orléans est allé avec tous les princes du sang saluer le jeune roi, et dès que cet enfant a entendu le traiter de Sire et de Majesté, il a fondu en larmes et en sanglots, sans qu'on lui eût dit que le roi fût mort.

Quand les princes du sang sont sortis, ce qui s'est trouvé là de seigneurs et de principaux courtisans sont entrés pêle-mêle, et M. le duc d'Orléans, en les présentant, lui a dit : « Voilà, Sire, les seigneurs et les « principaux de votre cour, » en sorte que la prétention de quelques ducs, tant agitée depuis que le roi est malade, de marcher en corps et à la tête de la noblesse s'est évanouie, la noblesse leur ayant refusé d'aller avec eux sans que ce ne fût pêle-mêle et sans que les ducs eussent un rang distingué à leur tête.

Le chancelier est ensuite venu avec quelques conseillers d'État assurer le roi de leur obéissance. Peu de temps après, le duc du Maine, général des Suisses, en a présenté les chefs, ainsi de quelques autres.

Le premier président du parlement et les avocats généraux sont venus prendre l'ordre du duc d'Orléans pour l'ouverture du testament, etc. (2).

---

(1) Lefebvre a remplacé ce mot par celui de bougie.
(2) C'est ainsi que se termine le mémoire de Dangeau, qui semble avoir voulu renvoyer, pour la suite des événements, à son Journal, dont ce mémoire n'est en effet qu'une longue parenthèse.

www.ingramcontent.com/pod-product-compliance
Lightning Source LLC
Chambersburg PA
CBHW060543050426
42451CB00011B/1801